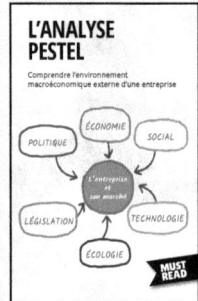
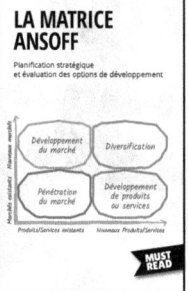
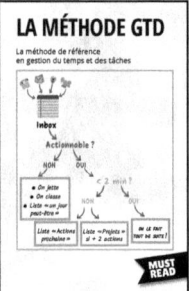

Une publication de Peter Lanore

LA MATRICE BCG

Analyse d'un portefeuille produits
pour une stratégie de croissance

LA MATRICE BCG

INTRODUCTION

La matrice BCG (Boston Consulting Group) est une méthode d'analyse de portefeuille d'entreprises qui a été développée dans les années 1970 par le cabinet de conseil en management Boston Consulting Group. La matrice BCG est un outil qui permet aux entreprises de visualiser leur portefeuille d'activités sous forme de graphique, en les classant en fonction de leur part de marché et de leur taux de croissance.

Cette méthode a été créée pour aider les entreprises à évaluer la performance de leurs différents produits ou services, en fonction de leur position sur le marché et de leur potentiel de croissance future. Cette méthode est souvent utilisée pour aider les entreprises à prendre des décisions en matière d'investissement, d'allocation de ressources et de stratégie de croissance.

La matrice BCG est considérée comme l'une des méthodes les plus populaires pour l'analyse de portefeuilles d'activités et est souvent utilisée par les grandes entreprises pour évaluer leur positionnement sur le marché et leur potentiel de croissance.

DESCRIPTION

Voici une description détaillée de la matrice BCG illustré d'exemples.

- **Les étoiles** (*stars*) : les activités qui sont positionnées dans le quadrant des étoiles ont une part de marché élevée et un taux de croissance élevé. Ces activités nécessitent souvent des investissements importants pour soutenir leur croissance. Les entreprises devraient donc consacrer les ressources nécessaires à ces activités pour les développer davantage.

  Exemple : le produit iPhone d'Apple est un exemple d'étoile. Il a une part de marché élevée et un taux de croissance élevé, et il nécessite des investissements importants pour soutenir sa croissance.

- **Les vaches à lait** (*cash cows*) : les activités qui sont positionnées dans le quadrant des vaches à lait ont une part de marché élevée mais un taux de croissance faible. Ces activités génèrent souvent des flux de trésorerie importants, mais ne nécessitent pas beaucoup d'investissements pour les maintenir. Les entreprises devraient continuer à investir dans ces activités pour maximiser leur rentabilité.

  Exemple : le produit Coca-Cola est un exemple de vache à lait. Il a une part de marché élevée et un taux de croissance faible, mais il génère des flux de trésorerie importants.

- **Les dilemmes** (*question marks*) : les activités qui sont positionnées dans le quadrant des dilemmes ont un faible taux de part de marché, mais un taux de croissance élevé. Ces activités nécessitent souvent des investissements importants pour augmenter leur part de marché. Les entreprises doivent décider si elles continuent à investir dans ces activités ou les abandonner.

Exemple : le produit iPad d'Apple est un exemple de dilemme. Il a un taux de croissance élevé, mais sa part de marché est faible par rapport à l'iPhone.

- **Les chiens** (*dogs*) : les activités qui sont positionnées dans le quadrant des chiens ont une part de marché faible et un taux de croissance faible. Ces activités ne génèrent souvent pas beaucoup de profits et ne nécessitent pas beaucoup d'investissements. Les entreprises devraient envisager de les abandonner ou de les vendre.

Exemple : le produit iPod d'Apple est un exemple de chien. Il a une part de marché faible et un taux de croissance faible, et ne génère plus beaucoup de profits pour l'entreprise.

La matrice BCG est un outil utile pour aider les entreprises à prendre des décisions en matière d'investissement et de stratégie de croissance. En utilisant cette matrice, les entreprises peuvent déterminer où investir leurs ressources et où concentrer leurs efforts pour maximiser leur rentabilité.

COMMENT UTILISER MATRICE BCG

La matrice BCG est un outil utile pour les entreprises qui cherchent à analyser leur portefeuille d'activités et à prendre des décisions en matière d'investissement et de stratégie de croissance. Voici les étapes à suivre pour utiliser la matrice BCG dans le contexte de l'entreprise.

1. **Identifier les activités clés de l'entreprise** : avant de commencer à utiliser la matrice BCG, l'entreprise doit identifier les activités clés qu'elle souhaite évaluer. Cela peut inclure les différents produits, les marques, les unités d'affaires ou les services proposés par l'entreprise.

2. **É**valuer la part de marché : pour chaque activité identifiée, l'entreprise doit évaluer sa part de marché actuelle. Cela peut être mesuré en chiffre d'affaires ou en part de marché en volume.

3. **É**valuer le taux de croissance : l'entreprise doit également évaluer le taux de croissance actuel de chaque activité. Cela peut être mesuré en termes de taux de croissance annuel ou de taux de croissance attendu pour l'activité.

4. **Placer les activités sur la matrice BCG** : en utilisant les informations recueillies lors des étapes précédentes, l'entreprise peut placer chaque activité sur la matrice BCG en fonction de sa part de marché et de son taux de croissance. Les activités seront classées dans l'un des quatre quadrants de la matrice : étoiles, vaches à lait, dilemmes et chiens.

5. **Prendre des décisions stratégiques** : une fois que les activités ont été classées sur la matrice BCG, l'entreprise peut prendre des décisions en matière d'investissement et de stratégie de croissance. Par exemple, l'entreprise peut décider d'investir dans les activités d'étoiles pour stimuler leur croissance, de maintenir les activités de vaches à lait pour maximiser les flux de trésorerie, d'investir dans les activités de dilemmes pour augmenter leur part de marché, ou d'abandonner les activités de chiens qui ne sont plus rentables.

En utilisant la matrice BCG, les entreprises peuvent visualiser leur portefeuille d'activités et prendre des décisions éclairées en matière d'investissement et de stratégie de croissance. Cependant, il est important de noter que la matrice BCG est un outil qui doit être utilisé en conjonction avec d'autres analyses et informations pour prendre des décisions éclairées et appropriées.

 La matrice BCG est un outil très populaire pour l'analyse de portefeuilles d'activités et est utilisée par de nombreuses grandes entreprises dans le monde entier. Voici quelques exemples de sociétés qui utilisent la matrice BCG :

- Apple utilise la matrice BCG pour évaluer la performance de ses différents produits, tels que l'iPhone, l'iPad et le Mac ;

- General Electric utilise la matrice BCG pour évaluer la performance de ses différentes unités d'affaires, telles que la production d'énergie, l'aérospatiale et les soins de santé ;

- Procter & Gamble utilise la matrice BCG pour évaluer la performance de ses différentes marques, telles que Tide, Crest et Pampers ;

- McDonald's utilise la matrice BCG pour évaluer la performance de ses différents produits et services, tels que les hamburgers, les frites et les Happy Meals.

En résumé, de nombreuses entreprises utilisent la matrice BCG pour évaluer la performance de leur portefeuille d'activités et pour prendre des décisions en matière d'investissement et de stratégie de croissance.

AVANTAGES ET FORCES

La matrice BCG offre plusieurs avantages et forces pour les entreprises qui cherchent à analyser leur portefeuille d'activités et à prendre des décisions en matière d'investissement et de stratégie de croissance :

- la matrice BCG permet aux entreprises de **visualiser facilement** leur portefeuille d'activités en un seul coup d'œil. Les activités sont placées dans l'un des quatre quadrants en fonction de leur part de marché et de leur taux de croissance, ce qui permet aux entreprises de comprendre rapidement quelles activités sont rentables et lesquelles ont besoin d'être soutenues ;

- la matrice BCG aide les entreprises à **allouer efficacement leurs ressources** en se concentrant sur les activités les plus rentables et les plus prometteuses. Les entreprises peuvent investir davantage dans les activités d'étoiles pour stimuler leur croissance, tout en maximisant les flux de trésorerie en maintenant les activités de vaches à lait. Les activités de chiens peuvent être abandonnées ou cédées pour libérer des ressources pour des activités plus prometteuses ;

- la matrice BCG peut aider les entreprises à **se concentrer sur leur orientation stratégique** à long terme en identifiant les domaines qui nécessitent des investissements et les domaines qui doivent être rationalisés. En utilisant la matrice BCG, les entreprises peuvent se concentrer sur les activités qui offrent le plus grand potentiel de croissance et d'augmentation de la part de marché ;

- la matrice BCG est un **outil facile à utiliser** et ne nécessite pas de compétences techniques ou statistiques avancées. Cela en fait un outil accessible pour les petites et moyennes entreprises qui cherchent à évaluer leur portefeuille d'activités ;

- la matrice BCG est un **outil standardisé** et reconnu pour l'analyse de portefeuilles d'activités, ce qui facilite la comparaison et l'évaluation des résultats entre différentes entreprises.

En résumé, la matrice BCG est un outil simple et puissant pour aider les entreprises à évaluer leur portefeuille d'activités et à prendre des décisions en matière d'investissement et de stratégie de croissance. La matrice BCG offre une visualisation facile, une priorisation des ressources, une orientation stratégique, une utilisation simple et une standardisation pour les entreprises qui cherchent à maximiser leur rentabilité et leur croissance.

INCONVÉNIENTS ET LIMITES

Bien que la matrice BCG soit un outil utile pour évaluer le portefeuille d'activités d'une entreprise, il y a des inconvénients et des limitations qu'il convient de prendre en compte. Voici quelques-uns des inconvénients et des limitations les plus courants de la matrice BCG :

- la matrice BCG est un **outil excessivement simplifié** qui ne tient pas compte de toutes les variables qui peuvent affecter les activités d'une entreprise. Les entreprises doivent utiliser d'autres outils et analyses pour obtenir une évaluation plus complète de leur portefeuille d'activités ;

- la matrice BCG **ne prend en compte que deux variables**, la part de marché et le taux de croissance. D'autres variables importantes, telles que la rentabilité, les coûts de production, les investissements requis et les conditions du marché, ne sont pas prises en compte dans l'analyse ;

- la **classification** des activités sur la matrice BCG **peut être inexacte** si les données sont incorrectes ou si les activités sont mal comprises. Les entreprises doivent veiller à ce que les données utilisées pour évaluer leurs activités soient précises et à jour ;

- la matrice BCG **ne fournit pas de recommandations concrètes** sur les actions à prendre pour chaque activité. Les entreprises doivent utiliser d'autres analyses pour déterminer les investissements nécessaires et les stratégies de croissance appropriées ;

- la matrice BCG est plus efficace pour les entreprises opérant dans des industries qui ont une croissance prévisible et une part de marché clairement définie. La matrice BCG peut **ne pas être un outil efficace pour les industries en évolution rapide** et en mutation, afin d'évaluer le portefeuille d'activités.

Au final, la matrice BCG est un outil utile pour évaluer le portefeuille d'activités d'une entreprise, mais il y a des inconvénients et des limitations qu'il convient de prendre en compte. Les entreprises doivent utiliser d'autres outils et analyses pour obtenir une évaluation plus complète de leur portefeuille d'activités et prendre des décisions éclairées en matière d'investissement et de stratégie de croissance.

ALTERNATIVES ET MODÈLES COMPLÉMENTAIRES

La matrice BCG est un outil de stratégie d'entreprise utile pour évaluer le portefeuille d'activités d'une entreprise. Cependant, il existe également d'autres outils et modèles qui peuvent être utilisés pour effectuer une analyse similaire. Voici quelques alternatives et outils complémentaires à la matrice BCG :

- la **matrice McKinsey/GE** est un outil de stratégie d'entreprise similaire à la matrice BCG, mais qui utilise neuf cellules plutôt que quatre pour évaluer le portefeuille d'activités. Cette matrice prend en compte des facteurs tels que la position concurrentielle, la rentabilité et la croissance de l'industrie pour évaluer les activités d'une entreprise ;

- l'**analyse SWOT** est un outil de stratégie d'entreprise qui évalue les forces, les faiblesses, les opportunités et les menaces de l'entreprise. Cette analyse peut aider à déterminer la position de l'entreprise par rapport à ses concurrents et à identifier les domaines qui nécessitent une attention particulière ;

- l'**analyse PESTEL** évalue les facteurs politiques, économiques, sociaux, technologiques, environnementaux et juridiques qui affectent l'entreprise. Cette analyse peut aider les entreprises à comprendre les tendances de l'industrie et les facteurs qui peuvent influencer leur réussite ;

- la **matrice de croissance Ansoff** évalue les options de croissance disponibles pour une entreprise, en se concentrant sur les produits et les marchés existants ou nouveaux. Cette matrice peut aider les entreprises à déterminer les meilleures options de croissance pour leur entreprise;

- la **méthode SCORE** est un outil de stratégie d'entreprise qui évalue les avantages concurrentiels de l'entreprise en termes de coûts, d'opportunités, de risques et d'avantages. Cette méthode peut aider les entreprises à évaluer leur position concurrentielle et à identifier les domaines qui nécessitent une amélioration.

En résumé, la matrice BCG est un outil de stratégie d'entreprise utile pour évaluer le portefeuille d'activités d'une entreprise, mais il existe également d'autres outils et modèles qui peuvent être utilisés pour effectuer une analyse similaire. Les entreprises doivent utiliser l'outil qui convient le mieux à leur situation et à leurs besoins en matière d'analyse de leur portefeuille d'activités.

 **APPLICATIONS**

Étude de cas 1 : Ford

Un exemple concret pour illustrer l'utilisation de la matrice BCG est celui de l'entreprise automobile Ford. En 2008, alors que l'industrie automobile traversait une période de turbulence, Ford a utilisé la matrice BCG pour évaluer la performance de ses différents modèles de voitures et pour déterminer comment allouer les ressources pour soutenir sa stratégie de croissance.

Après avoir analysé les performances de ses différents modèles de voitures, Ford a découvert que sa gamme de camions, qui comprenait des modèles tels que le F-150, représentait une vache à lait rentable. Cependant, Ford a également réalisé que ses modèles de voitures plus petits, tels que la Focus et la Fusion, étaient positionnés comme des dilemmes sur le marché en raison d'une faible part de marché.

En conséquence, Ford a décidé de réduire ses investissements dans les modèles de voitures plus petits pour se concentrer sur ses activités de camions rentables. Cette décision a permis à Ford de réduire ses coûts de production et d'augmenter la rentabilité de l'entreprise.

Cet exemple montre comment la matrice BCG peut aider les entreprises à identifier les opportunités de croissance et les domaines qui nécessitent des investissements supplémentaires, tout en leur permettant de rationaliser leurs opérations et de maximiser leur rentabilité. La matrice BCG peut donc être un outil utile pour aider les entreprises à prendre des décisions éclairées en matière d'investissement et de stratégie de croissance.

Étude de cas 2 : Samsung

Samsung a utilisé la matrice BCG pour évaluer son portefeuille de smartphones en 2019.

Les produits de la gamme Galaxy S ont été classés comme *stars* car ils avaient une part de marché élevée et un taux de croissance élevé. Samsung a donc décidé d'investir davantage dans ces produits pour maintenir leur position de leader sur le marché.

Les smartphones de la gamme Galaxy A ont été classés comme *cash cows*, car ils avaient une part de marché élevée mais un taux de croissance faible. Samsung a donc décidé de maintenir sa position sur le marché en maintenant ces produits tout en minimisant les investissements.

Les smartphones de la gamme Galaxy M ont été classés comme *question marks*, car ils avaient un faible taux de croissance et une part de marché faible. Samsung a donc décidé de stimuler la croissance de ces produits en investissant davantage dans leur développement.

En résumé, Samsung a utilisé la matrice BCG pour évaluer son portefeuille de produits et élaborer des stratégies pour chaque catégorie de produit. Cette analyse a permis à Samsung de prendre des décisions plus éclairées concernant les investissements et la gestion de ses produits.

POUR ALLER PLUS LOIN

Voici quelques ressources pour aller plus loin avec la matrice BCG. Elles offrent une compréhension approfondie de la matrice BCG et de son utilisation pour évaluer le portefeuille d'activités d'une entreprise. Les personnes intéressées par la matrice BCG devraient consulter ces ressources pour approfondir leur compréhension et leur utilisation de cet outil de stratégie d'entreprise.

- *The Boston Consulting Group on Strategy* de Carl W. Stern et Michael S. Deimler. Ce livre est une ressource utile pour les personnes qui cherchent à approfondir leur compréhension de la matrice BCG et d'autres outils de stratégie d'entreprise.

- *BCG Classics Revisited: The Growth Share Matrix* de Bruce D. Henderson. Cette publication originale de Bruce Henderson, le fondateur de Boston Consulting Group, offre un aperçu de la création de la matrice BCG et de son utilisation pour évaluer le portefeuille d'activités d'une entreprise.

- *The BCG Matrix: A Method of Portfolio Analysis* de Kenneth R. Andrews. Cette étude classique de la Harvard Business Review offre une analyse approfondie de la matrice BCG et de son utilisation pour évaluer le portefeuille d'activités d'une entreprise.

- *Strategic Management: Concepts and Cases: Competitiveness and Globalization* de Michael A. Hitt, R. Duane Ireland et Robert E. Hoskisson. Ce livre propose une approche complète de la stratégie d'entreprise, y compris une analyse détaillée de la matrice BCG et d'autres outils de stratégie d'entreprise.

- *The Product Portfolio* par Ian McAllister. Ce livre offre une approche pratique de la gestion de portefeuille de produits, y compris une analyse approfondie de la matrice BCG et d'autres outils de gestion de portefeuille de produits.

CONCLUSIONS ET RECOMMANDATIONS D'USAGE

La matrice BCG est un outil utile pour les entreprises qui cherchent à évaluer leur portefeuille de produits. La matrice permet d'évaluer chaque produit en fonction de sa part de marché relative et de son taux de croissance, et de le classer dans l'une des quatre catégories : vache à lait, dilemme, star ou poids mort. En fonction de la catégorie dans laquelle chaque produit est classé, l'entreprise peut élaborer des stratégies pour chaque produit.

L'un des principaux avantages de la matrice BCG est qu'elle permet aux entreprises d'évaluer leur portefeuille de produits de manière simple et efficace. Elle peut être utilisée pour prendre des décisions éclairées concernant les investissements et la gestion de chaque produit.

Cependant, il convient de noter que la matrice BCG présente également des limites. Elle ne tient pas compte de facteurs tels que les coûts de production ou les barrières à l'entrée sur le marché. En outre, la matrice ne prend pas en compte les interactions entre les différents produits du portefeuille.

Par conséquent, il est recommandé de ne pas se fier uniquement à la matrice BCG pour la prise de décision, mais de la combiner avec d'autres outils d'analyse. De plus, il est important de mettre régulièrement à jour l'analyse du portefeuille de produits, car les produits peuvent évoluer au fil du temps en fonction des changements du marché. Enfin, il est important d'adapter les stratégies pour chaque produit en fonction de la situation de l'entreprise et des objectifs à long terme.

Votre avis nous intéresse !
Laissez un commentaire sur le site de votre librairie en ligne
et partagez vos coups de cœur sur les réseaux sociaux !

L'éditeur veille à la fiabilité des informations publiées, lesquelles ne pourraient toutefois engager sa responsabilité.

www.50minutes.com

ISBN version numérique : 9782808696586
ISBN version papier : 9782808696081
Dépôt légal : D/2023/12603/1982

Couverture : © Primento

Conception numérique : Primento, le partenaire numérique des éditeurs